CREA

MARKETING POLÍTICO

EL PRIMERO ESCRITO CON

INTELIGENCIA ARTIFICIAL

JERRY JÁUREGUI

Galaxia ✳ Literaria

MARKETING POLÍTICO

CREA

El primero escrito con
Inteligencia Artificial

Jerry Jáuregui

CREA MÁRKETING POLÍTICO
EL PRIMERO ESCRITO CON
INTELIGENCIA ARTIFICIAL
DE *Jerry Jáuregui*

Primera Edición: 2023

Corrección ortotipográfica: Alexa Díaz.
Fotografía: El Pepe Mora | Karen Mora.

Proyecto gráfico: Galaxia Literaria.
hola@galaxialiteraria.com
www.galaxialiteraria.com
Guadalajara, Jalisco. México.
Tel. 33 14822765

ISBN-13: 979-8860-59700-6

Esta obra se terminó de editar en septiembre de 2023.
Impreso y hecho en México.
Printed and made in Mexico.

Galaxia ✴ Literaria

YA LO ABRISTE, YA VALISTE

Ahora lo terminas de leer.

El Autor: Soy experto en Marketing Político Digital certificado por Google. Mexicano, norteño, fan de Disney y con cientos de campañas de comunicación y marketing político realizadas en Argentina, Guatemala y México.

Hace seis años, cuando escribí mi primer libro, era un Jerry distinto.

Hoy, desde Nuevo León, México, y después de conocer a Pepe Mora, un empresario creativo, me inspiró a escribir el primer libro de marketing político escrito con inteligencia artificial (IA).

Todas las imágenes y los textos de este libro fueron generadas con Inteligencia Artificial.

ÍNDICE

ESTIMADO PASAJERO, BIENVENIDO A BORDO

¡Luces, cámara y acción!

CAPÍTULO 1:
HABÍA UNA VEZ...

Era un caluroso día de verano en Nuevo Laredo, Tamaulipas, cuando mi fascinación por el marketing político nació. Con tan solo nueve años, recuerdo hojear el periódico local en busca de anuncios de campaña que inundaban las páginas durante la época electoral. Mis ojos se iluminaban al ver los colores, los lemas pegajosos y las promesas de un futuro mejor. Sin duda, algo mágico se escondía detrás de cada una de esas piezas de comunicación política.

Desde ese momento, mi niño interior se encendió con la imaginación y la creatividad que, a lo largo de los años, se convertirían en las fuerzas impulsoras detrás de mis estrategias de campañas electorales. Mi mente se llenaba de ideas y sueños, soñando con un día ser parte de la magia que envuelve la política y la comunicación.

A medida que crecía, mi pasión por el marketing y la creatividad no hizo más que aumentar. Siempre tuve la convicción de que la política no debería ser aburrida y desconectada del ciudadano común, sino que debía ser una experiencia emocionante y atractiva. La comunicación política bien ejecutada tiene el poder de inspirar, motivar y, sobre todo, conectar con las personas en un nivel más profundo.

Con cada nuevo proyecto que llevaba a cabo, ya fuera durante mi tiempo en la universidad estudiando Ciencias de la Comunicación o en mis inicios profesionales en agencias de publicidad y marketing, buscaba infundir esa chispa de magia en cada campaña electoral. No se trataba solo de ganar votos, sino de despertar emociones y generar un sentido de pertenencia en cada elector.

Ahora, a mis 34 años, y con dos libros sobre marketing y comunicación en mi haber, siento que es mi deber compartir mis experiencias y conocimientos con aquellos jóvenes y personas apasionadas por la comunicación, el marketing y la creatividad. Este tercer libro, que ahora tienes en tus manos, nace con la intención de guiar y ayudar a quienes desean incursionar en el mundo del marketing político y desean marcar la diferencia en el campo de la comunicación política.

El marketing político no debería tratarse solo de tácticas vacías y manipulativas; debe ser una forma de arte que resuene con el corazón y la mente de las personas. En estas páginas, compartiré mi enfoque de "niño interior" que me ha llevado a concebir estrategias innovadoras y audaces, abrazando la imaginación y la creatividad en cada paso del proceso.

A través de ejemplos de campañas exitosas y no tan exitosas, exploraré cómo la magia del marketing político puede influir en la percepción pública, movilizar a las masas y, en última instancia, cambiar el rumbo de una elección. Y aunque los tiempos pueden cambiar y las plataformas de comunicación evolucionar, la esencia de la magia electoral permanece constante: la conexión humana y la emoción que suscita.

Así que, si estás dispuesto a explorar el apasionante mundo del marketing político, te invito a unirte a este viaje. Prepárate para desbloquear tu imaginación, liberar tu creatividad y descubrir cómo la magia electoral puede dar vida a tus ideas y convertirlas en realidades políticas que inspiren a toda una nación. ¡Es hora de escribir juntos un nuevo capítulo en la historia del marketing político!

TE DIRÉ LO QUE NADIE TE DICE

Y hasta cobran por ello.

CAPÍTULO 2:
SECRETOS QUE NADIE TE DICE...

En el fascinante mundo del Marketing Político, las puertas están cerradas para los recién llegados. A diferencia de los libros de superación personal que prometen un camino lleno de oportunidades y apoyo, la realidad política es una selva donde los expertos protegen celosamente sus secretos. Cuando eres joven y deseas adentrarte en este terreno, te enfrentas a una dura verdad: nadie quiere que triunfes en sus campañas. La competencia es feroz, y las mentes brillantes son vistas como amenazas.

Mi experiencia en este ámbito me enseñó que nadie te abrirá las puertas con facilidad. Tuve que lidiar con discriminación, trampas y sesgos, enfrentando muros que parecían infranqueables. Sin embargo, cada obstáculo me permitió crecer, adaptarme y aprender a trabajar con la realidad política. Es importante comprender que esta dureza no es un obstáculo insuperable, sino una oportu-

nidad para desarrollar una resiliencia que te acompañará
en tu carrera.

TÚ ERES TU ESTILO

En el camino del Marketing Político, no existe una fórmula mágica que funcione para todas las campañas. Por
más exitosa que sea una estrategia, replicarla sin más no
garantiza el mismo resultado. Cada campaña es única y
requiere de una creatividad auténtica y original. Es en
este espacio donde tú, como profesional, encuentras tu
brillo.

Debes crear tus propios caminos hacia el éxito, de-
sarrollando un enfoque creativo y mágico que marque la
diferencia. Es crucial que las campañas que crees reflejen
tu estilo personal y tengan una marca distintiva. En lugar
de copiar lo que otros han hecho, inspírate en sus éxitos,
pero luego lleva esas ideas más allá, adaptándolas a tu visión y a las necesidades específicas de cada cliente.

TIENES QUE VENDERTE

En el competitivo mundo del Marketing Político, nadie
más que tú puede vender tus servicios. Puedes tener el
talento y la experiencia necesarios, pero si no sabes cómo
comunicar tus habilidades y valores a los clientes, tu potencial se quedará en el olvido.

Es esencial que te conviertas en el mejor vendedor de
ti mismo. Construye una sólida marca personal que refle-

je tu experiencia y logros. Utiliza las redes sociales como herramientas para mostrar tu talento y conectar con prospectos y clientes potenciales. Explora formas nuevas e innovadoras de comunicarte con ellos, y demuestra cómo tus estrategias pueden llevarlos al éxito político que desean.

A lo largo de mi carrera en el Marketing Político, enfrenté el rechazo y la resistencia, pero estas experiencias me permitieron crecer y adaptarme. Con este libro, mi objetivo es abrir puertas y sembrar esperanzas en las mentes jóvenes y en las nuevas generaciones que desean incursionar en este fascinante mundo.

Recuerda que nadie te querrá ver triunfar, pero es tu deber superar las adversidades y demostrar tu valía. Tú eres el arquitecto de tu propio estilo, y debes crear campañas únicas y creativas que reflejen tu esencia. Además, aprende a venderte a ti mismo y a comunicar tus habilidades de manera efectiva.

El Marketing Político es un estilo de vida en constante evolución y enraizado en la comunicación humana. Aprovecha las oportunidades digitales para conectarte con el mundo y llevar tu mensaje a cada rincón.

Es mi deseo que este libro sea una guía inspiradora para que encuentres éxito y pasión en el arte de comunicarte con la humanidad a través del Marketing Político. ¡Adéntrate en esta aventura y haz que tu voz sea escuchada en el escenario político!

En el vertiginoso mundo del marketing político, existe un papel esencial que desempeña el consultor político: el de guiar y asesorar a la figura política en su búsqueda de una mejor imagen y una estrategia de comunicación efectiva. Sin embargo, este rol a menudo se ve desafiado cuando el cliente o candidato intenta tomar decisiones que deberían corresponder exclusivamente al departamento de imagen o asesoría. Es en estas situaciones donde la responsabilidad del asesor de comunicación se pone a prueba, y su capacidad para mantener el rumbo y proteger el proyecto de comunicación política resulta fundamental.

La importancia de asumir con responsabilidad este rol radica en la necesidad de preservar la integridad del proceso de comunicación política. El consultor político debe tener la confianza y el coraje para defender su experiencia y conocimientos, y no dejarse intimidar por las opiniones del cliente o candidato. Si bien es cierto que la figura política puede tener una visión y un conocimiento profundo de su electorado, no debe confundirse con la tarea específica del asesor de comunicación.

El objetivo principal de la consultoría política es desarrollar estrategias que mejoren la imagen y la percepción pública del político. Esto implica analizar datos, investigar la audiencia, identificar tendencias y establecer mensajes claros y efectivos. El consultor político debe ser un experto en su campo y guiar al candidato a través de este complejo proceso, en lugar de simplemente acatar sus deseos sin considerar las consecuencias.

A lo largo de mi trayectoria como estratega de marketing político, he tenido experiencias personales donde el político genuinamente trataba de imponer estrategias de comunicación que, desde su perspectiva, funcionaban. Sin embargo, estas ideas acababan por desvirtuar y desestabilizar la estrategia de comunicación diseñada por el equipo de asesoría, resultando en un perjuicio evidente para el proyecto político en cuestión.

En una ocasión, trabajé con un candidato que, a pesar de tener un carisma innegable, carecía de un enfoque claro en sus mensajes. Quería comunicar muchas ideas diferentes a la vez y no lograba conectar con su audiencia. Cuando el equipo de asesoría propuso una estrategia de comunicación más enfocada y coherente, el candidato se mostró renuente. Argumentaba que había construido su carrera política sobre su propia intuición y que no necesitaba de "frases preparadas" para conectar con la gente.

En este punto, fue crucial para nosotros como asesores explicar la importancia de una estrategia de comunicación sólida, respaldada por datos y análisis, para construir una imagen pública más poderosa y efectiva. Fue necesario demostrar cómo los mensajes clave y la coherencia en la comunicación son fundamentales para generar confianza y credibilidad entre el electorado. Afortunadamente, el candidato finalmente aceptó nuestras recomendaciones y pudimos trabajar juntos para desarrollar una estrategia de comunicación exitosa que lo llevó a la victoria en las elecciones.

Esta anécdota ilustra la delicada línea que el consultor político debe recorrer. Por un lado, es esencial respetar y valorar las opiniones y experiencias del cliente o candidato, pero, por otro lado, también es necesario recordarles que la estrategia de comunicación es un campo especializado que requiere conocimientos y enfoques específicos.

Para que una campaña política sea exitosa, cada miembro del equipo debe cumplir con su función de manera óptima. El político debe concentrarse en ser candidato, en comunicar sus propuestas e ideas con claridad y pasión, conectando con el electorado. Mientras tanto, el consultor político debe asegurarse de que esa comunicación sea efectiva, respaldada por análisis y diseñada para generar un impacto positivo en la percepción pública.

En resumen, quiero dejarte clara la importancia de que el consultor político asuma con responsabilidad su rol y no se deje intimidar por la figura política cuando esta intenta tomar decisiones que corresponden al departamento de imagen o asesoría.

El éxito de una campaña política radica en la colaboración entre el político y el asesor, trabajando en equipo para lograr una imagen pública positiva y efectiva. Al mantener la integridad del proceso de comunicación y recordar que el candidato debe ser candidato, se sientan las bases para alcanzar los objetivos planteados en la carrera política.

¡MUÉVETE, CHINGAO!

En el dinámico mundo del marketing político, la clave del éxito radica en la acción proactiva y la iniciativa. Durante mi experiencia en diversas campañas políticas en México, Argentina y Guatemala, he aprendido que cada persona desempeña un rol crucial dentro de una estrategia política. Sin embargo, esperar a que alguien nos dé una instrucción específica para llevar a cabo una tarea puede ralentizar el proceso y afectar el resultado final. Es por eso que en este capítulo exploraremos la importancia de la iniciativa y el ser propositivos en el marketing político, así como ejemplos concretos de cómo la aplicación de estas cualidades puede llevar al triunfo de una campaña política.

En el agitado escenario de una campaña política, el tiempo es un recurso valioso y limitado. Cada segundo cuenta, y la falta de acción puede significar oportunidades perdidas. Como parte del equipo de marketing político, es esencial comprender que cada uno tiene un rol específico, pero también es crucial reconocer que la iniciativa es un atributo indispensable para alcanzar el éxito.

La iniciativa no se trata solo de hacer lo que se espera de nosotros, sino de ir más allá y tomar la responsabilidad de identificar tareas y oportunidades adicionales que puedan contribuir al objetivo general de la campaña. Es ser proactivo, anticiparse a las necesidades y estar dispuesto a actuar sin esperar instrucciones directas. Al adoptar esta mentalidad, nos convertimos en motores impulsados por el deseo de alcanzar la victoria política.

Durante una campaña política en México, mi equipo de marketing enfrentó un desafío: cómo llegar a un electorado joven, ampliamente conectado y que se mostraba apático hacia la política tradicional. Si bien teníamos estrategias establecidas, sentíamos que necesitábamos una aproximación innovadora para captar su atención.

Fue en ese momento cuando un miembro del equipo tuvo la iniciativa de crear una serie de videos cortos y llamativos que resumieran las propuestas del candidato en términos sencillos y atractivos para el público joven. Estos videos se compartieron ampliamente en redes sociales y se convirtieron en una herramienta efectiva para acercarnos a este sector específico del electorado.

La iniciativa demostrada por este miembro del equipo resultó en un impacto significativo en la percepción del candidato entre los jóvenes, lo que a su vez se tradujo en un aumento en su apoyo en las encuestas. Este ejemplo resalta cómo la innovación y la proactividad pueden cambiar el rumbo de una campaña y acercarnos al éxito deseado.

En el contexto del marketing político, ser propositivo es fundamental para aportar nuevas ideas y soluciones que fortalezcan la estrategia general. Un consultor político que se limita a seguir instrucciones sin cuestionar o aportar su experiencia y conocimiento puede estar limitando el potencial de la campaña.

Cuando asesoré a un diputado en la ciudad de Salta, Argentina, el equipo de marketing se enfrentó a un momento crítico cuando el candidato tuvo que tomar una posición clara sobre un tema polémico. En lugar de simplemente esperar las indicaciones del candidato, tuve que tomar la iniciativa de preparar un discurso bien fundamentado que presentaba los argumentos clave y las ventajas de adoptar una postura específica.

Cuando se presentó esta propuesta al candidato, él se sintió respaldado por la solidez de los argumentos y tomó la decisión con confianza. La postura adoptada se alineó con la visión y los valores del candidato, y fortaleció su imagen como un líder decidido y confiable. Esta muestra de proactividad y compromiso por parte del asesor demostró cómo la iniciativa puede ser determinante para el éxito de una campaña política.

En la campaña presidencial de Guatemala, por ejemplo, nos encontramos con una situación desafiante, donde las encuestas mostraban una tendencia negativa para el candidato. En lugar de ceder ante la desesperanza, el equipo de marketing reaccionó con iniciativa y determinación.

Uno de los colaboradores propuso organizar una serie de eventos comunitarios en áreas clave donde el candidato pudiera interactuar directamente con los votantes y compartir su visión de manera cercana y personal. Estos eventos se realizaron con éxito, y la cercanía del candidato con el electorado generó una respuesta positiva que se reflejó en el aumento de su apoyo en las encuestas.

La iniciativa demostrada por el equipo fue fundamental para superar los obstáculos y revertir la tendencia negativa. En este caso, la proactividad y la acción oportuna marcaron la diferencia entre el fracaso y el éxito.

En el marketing político, la iniciativa no solo se limita a los líderes y asesores; también puede inspirar y empoderar a los miembros del equipo más jóvenes o con menos experiencia. Al alentar a todos los participantes a ser propositivos y asumir responsabilidades, se fomenta un ambiente de colaboración y creatividad.

La iniciativa y la proactividad son cualidades indispensables en el marketing político. A través de ejemplos de campañas en México, Argentina y Guatemala, he visto cómo la toma de acción sin esperar instrucciones directas puede marcar una diferencia significativa en los resultados de una campaña.

Cada persona en el equipo tiene un rol importante, pero también tiene la responsabilidad de actuar y aportar su conocimiento y experiencia para alcanzar el objetivo común: el triunfo en la campaña política.

TIENES UN CHINGO DE TALENTO

¿Ya lo sabías?

CAPÍTULO 3: ZAPATERO A TUS ZAPATOS

En el complejo mundo del marketing político, una verdad innegable se destaca: la campaña política y la estrategia deben girar en torno a la personalidad del candidato. Cada candidato es único, con una personalidad distinta y un conjunto particular de valores, creencias y metas. Es en esta singularidad donde radica la esencia de una campaña efectiva y auténtica. En este capítulo, te explicaré la importancia de adaptar la estrategia a la personalidad del candidato, cómo los arquetipos pueden servir como guías y cómo la creatividad y la disrupción son herramientas fundamentales para posicionar conceptos en el colectivo de la gente.

1. LA IMPORTANCIA DE LA AUTENTICIDAD

En el centro de toda campaña política exitosa se encuentra la autenticidad. Los votantes buscan líderes que les resulten genuinos, que se identifiquen con sus valores y que muestren coherencia entre sus palabras y acciones. Por lo tanto, la estrategia de marketing político debe estar arraigada en la personalidad del candidato y en sus características únicas.

El candidato y su equipo de asesores deben embarcarse en un proceso de autoconocimiento y reflexión para comprender cuáles son los rasgos distintivos que definen al político. ¿Es el candidato un líder carismático y apasionado? ¿O quizás es un intelectual sereno y analítico? Cada personalidad requiere un enfoque específico y coherente para conectar con el electorado.

2. LOS ARQUETIPOS COMO GUÍAS

En el proceso de definir la personalidad del candidato y adaptar la estrategia de campaña, los arquetipos pueden ser valiosas herramientas de orientación. Los arquetipos son patrones recurrentes de personalidad y comportamiento que se encuentran en la cultura y la sociedad.

Por ejemplo, podemos encontrar arquetipos como el líder carismático, el defensor de la justicia, el visionario inspirador o el pragmático centrado en los resultados. Cada arquetipo tiene su propio conjunto de atributos y cualidades que pueden ayudar a definir la personalidad del candidato y guiar la estrategia de comunicación.

3. ADAPTANDO LA ESTRATEGIA CREATIVA Y DISRUPTIVA

Una vez que se ha definido la personalidad del candidato y se ha seleccionado un arquetipo adecuado, es crucial traducir esta información en una estrategia creativa y disruptiva. Cada campaña política debe ser única y adaptarse a las características individuales del candidato.

Por ejemplo, si el candidato es percibido como un defensor de la justicia y la igualdad, la estrategia podría enfocarse en resaltar su trayectoria en la lucha por los derechos humanos y en presentar propuestas innovadoras para abordar temas sociales relevantes.

Es fundamental que la campaña se destaque de la competencia y que logre captar la atención del electorado a través de mensajes impactantes y creativos. La disrupción, entendida como la capacidad de romper esquemas y sorprender al público, puede ser una poderosa herramienta para lograrlo.

4. LA IMPORTANCIA DEL STORYTELLING

Una campaña política exitosa se basa en la capacidad de contar historias que resuenen con el electorado. El storytelling permite conectar emocionalmente con las personas y crear un vínculo significativo entre el candidato y sus seguidores.

El candidato y su equipo deben utilizar el storytelling para presentar una narrativa coherente y poderosa que refleje la personalidad y los valores del político. Cada historia debe ser auténtica y genuina, y estar diseñada para generar empatía y comprensión entre el candidato y el electorado.

5. LA FLEXIBILIDAD ANTE LO IMPREVISTO

Aunque la estrategia de campaña se base en la personalidad del candidato, es esencial mantener la flexibilidad ante lo imprevisto. En política, ninguna experiencia es igual a otra y cada día puede traer nuevos desafíos y oportunidades.

El equipo de marketing debe estar preparado para ajustar la estrategia según sea necesario y reaccionar de manera ágil y eficiente ante los cambios del entorno político y social.

La campaña política y la estrategia deben girar en torno a la personalidad del candidato, reconociendo su singularidad y autenticidad. Los arquetipos pueden servir como guías para definir la personalidad del político y orientar la estrategia de comunicación. La creatividad y la disrupción son herramientas fundamentales para posicionar conceptos en el colectivo de la gente y destacar en la competencia política.

El storytelling es clave para conectar emocionalmente con el electorado y generar un vínculo significativo entre el candidato y sus seguidores. Sin embargo, también es importante mantener la flexibilidad y estar preparados para ajustar la estrategia según las circunstancias cambiantes. En definitiva, al adaptar la estrategia de marketing político a la personalidad del candidato, se crea una campaña auténtica y poderosa que conecta con el electorado y lo lleva hacia el triunfo político.

LA ORIGINALIDAD NO EXISTE

La creatividad sí.

CAPÍTULO 4:
QUE TE VALGAN MADRE LAS COPIAS

ORIGINALIDAD EN LAS CAMPAÑAS POLÍTICAS: LA IMPORTANCIA DE SER ÚNICOS

En el competitivo mundo del marketing político, la originalidad juega un papel fundamental en el éxito de una campaña. Copiar el estilo de otros candidatos o replicar estrategias de campañas pasadas puede llevar a resultados mediocres e incluso a la pérdida de credibilidad ante el electorado. En este capítulo, exploraremos la importancia de la originalidad en las campañas políticas y cómo la búsqueda de la autenticidad y la innovación puede diferenciar a un candidato y su equipo de la competencia, destacando en el panorama político.

1. LA TRAMPA DE LA IMITACIÓN

A lo largo de la historia, hemos visto cómo algunos candidatos caen en la trampa de imitar el estilo o las estrategias de otros políticos exitosos. Es comprensible que se busque emular el éxito de otro, pero la realidad es que cada candidato es único, con una personalidad, historia y visión propias. Intentar copiar a otros puede llevar a una campaña vacía, sin identidad propia y alejada de la autenticidad que los votantes buscan.

La imitación puede ser percibida como falta de originalidad y falta de ideas propias, lo que puede generar desconfianza entre el electorado. En lugar de copiar, es esencial que los candidatos y sus equipos busquen la originalidad y la innovación en cada aspecto de la campaña.

2. LA BÚSQUEDA DE LA AUTENTICIDAD

La originalidad en una campaña política comienza con la búsqueda de la autenticidad. Los votantes buscan líderes que sean genuinos y coherentes con sus valores y propuestas. Es esencial que los candidatos muestren su verdadera personalidad y se conecten emocionalmente con el electorado.

Para lograr esto, es necesario que los candidatos reflexionen sobre quiénes son realmente y cuáles son sus principales valores e ideales. Esta autoevaluación servirá como base para desarrollar una estrategia de campaña única y auténtica que resalte la identidad del candidato y lo diferencie de los demás.

3. LA INNOVACIÓN COMO CLAVE DEL ÉXITO

La originalidad no solo se refiere a la personalidad del candidato, sino también a la creatividad e innovación en el diseño de la campaña. En un entorno político saturado de mensajes, es fundamental encontrar formas innovadoras de comunicar y destacar en la mente del electorado.

Desde el diseño del logotipo y la paleta de colores hasta las plataformas de comunicación utilizadas, cada detalle de la campaña debe reflejar la originalidad y el espíritu innovador del candidato. La búsqueda de nuevas formas de comunicación, como el uso creativo de las redes sociales o campañas de publicidad disruptivas, puede marcar la diferencia en la percepción del público.

4. ROMPER PARADIGMAS PARA IMPACTAR

Una campaña política exitosa debe atreverse a romper paradigmas y desafiar las convenciones establecidas. Lo que funcionó en el pasado puede no ser lo más adecuado para la realidad actual. Es importante que los candidatos y sus equipos estén dispuestos a cuestionar lo establecido y buscar nuevas formas de hacer las cosas.

Un ejemplo notable de la importancia de romper paradigmas fue la campaña presidencial de Barack Obama en 2008. Su equipo de marketing político innovó en el uso de las redes sociales, llegando a un electorado joven y comprometido que tradicionalmente no participaba activamente en el proceso político. Esta estrategia disruptiva fue clave para su victoria en las elecciones y marcó un punto de inflexión en la forma de hacer campañas políticas.

5. EL PODER DE LA CREATIVIDAD EN LA POLÍTICA

La creatividad es una herramienta poderosa en la política, ya que permite transmitir mensajes de manera memorable y emocional. Una campaña creativa puede captar la atención del electorado y generar un impacto duradero en su mente.

Desde la elección de eslóganes pegajosos hasta el desarrollo de anuncios televisivos impactantes, la creatividad debe estar presente en todos los aspectos de la campaña. Al ofrecer un enfoque fresco y novedoso, los candidatos pueden diferenciarse de sus oponentes y generar un mayor interés y compromiso entre los votantes.

6. LA IMPORTANCIA DE LA ESTRATEGIA PERSONALIZADA

Cada candidato es único, y ninguna experiencia es igual a otra. Por lo tanto, cada campaña política debe ser personalizada y adaptada a las características individuales del candidato. Al reconocer y capitalizar en las fortalezas y valores únicos del político, se crea una campaña auténtica y coherente que resonará con el electorado.

Es fundamental que los candidatos y sus equipos se alejen de la tentación de copiar estrategias exitosas de otros y se enfoquen en desarrollar una campaña que refleje la verdadera esencia del candidato. La originalidad y la innovación en la estrategia serán la clave para destacar en el panorama político y alcanzar el éxito en las elecciones.

La originalidad es un factor determinante en el éxito de una campaña política. Los candidatos y sus equipos deben resistirse a la tentación de copiar el estilo de otros y en su lugar buscar la autenticidad y la innovación en cada aspecto de la campaña. La personalidad del candidato debe ser el eje central de la estrategia, y la creatividad debe guiar el diseño de cada mensaje y táctica de comunicación. Al romper paradigmas y ser propositivos en el enfoque, los candidatos pueden destacar en el panorama político y conectar de manera significativa con el electorado. En última instancia, la originalidad y la autenticidad serán las herramientas más poderosas para alcanzar el triunfo en una campaña política.

YA NO VENDAS POLÍTICOS

Vende humanos como tú.

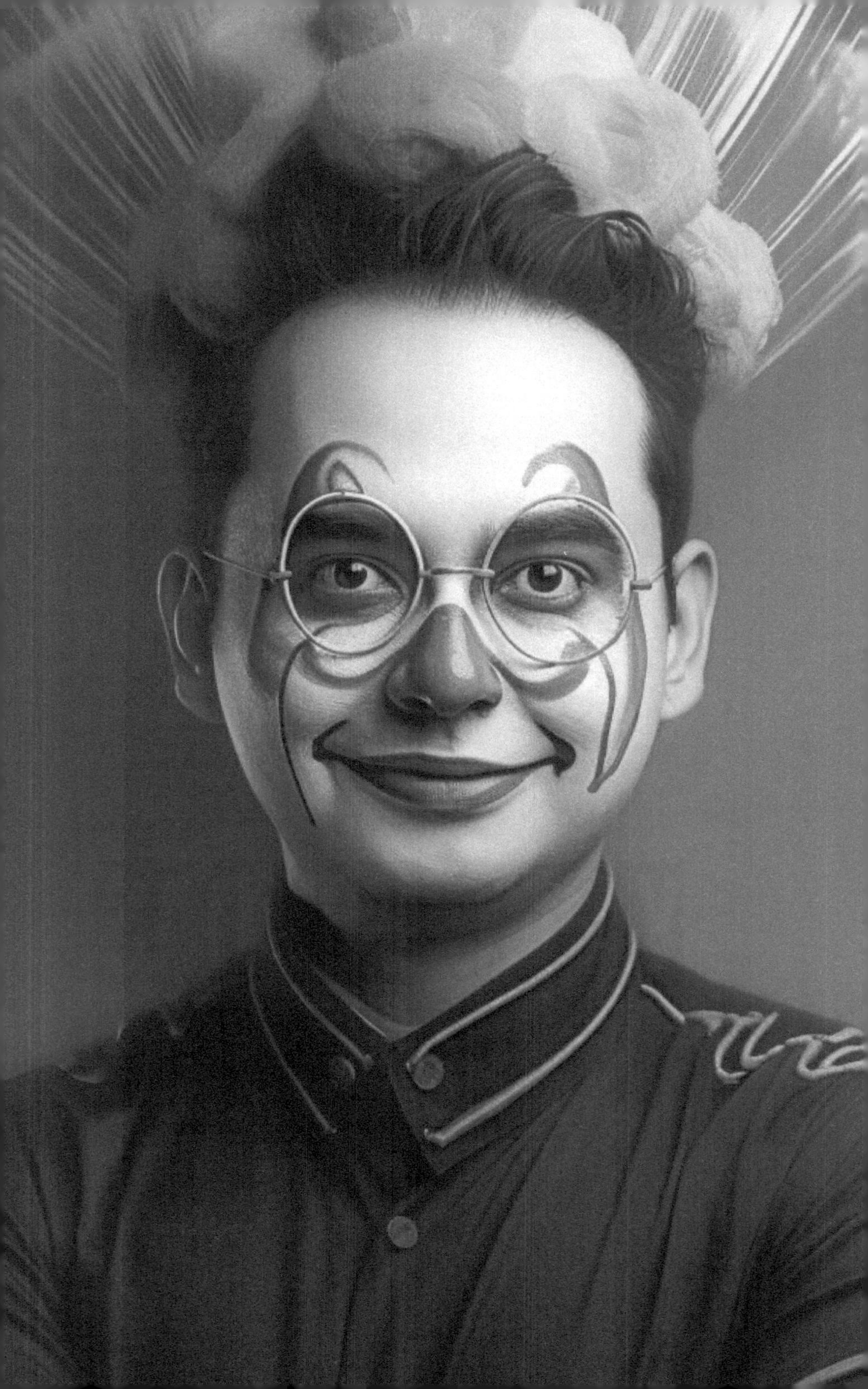

CAPÍTULO 5:
YA NO VENDAS POLÍTICOS...

En el mundo de la mercadotecnia política, las tendencias están cambiando y una verdad innegable se destaca: a los ciudadanos no les interesan los políticos en sí mismos. Las campañas políticas tradicionales, centradas en destacar las cualidades y logros de los candidatos, ya no son suficientes para conectar con el electorado. En este capítulo, exploraremos la importancia de vender el lado más humano, orgánico y ciudadano de las figuras políticas. A través de encuestas y experiencias en campañas en México y otros países, se ha demostrado que la empatía del ciudadano se inclina hacia otro ciudadano, no hacia un político.

Las nuevas estrategias de comunicación deben girar en torno a mostrar la autenticidad de los candidatos, adaptándose al momento y utilizando tendencias en redes sociales e inteligencia artificial para obtener el voto electoral de la gente.

1. EL CAMBIO DE PARADIGMA: DE POLÍTICO A CIUDADANO

Las nuevas tendencias en la mercadotecnia política indican un cambio significativo en la forma en que los ciudadanos perciben a los políticos. La imagen tradicional del político distante y desconectado de la realidad ya no atrae al electorado. En cambio, los ciudadanos buscan líderes que reflejen sus preocupaciones, valores y aspiraciones.

La estrategia de comunicación política debe alejarse de la promoción egocéntrica del político y enfocarse en vender al ciudadano auténtico, comprometido con su comunidad y capaz de entender y abordar sus necesidades. Es en este enfoque que reside la clave para conectar emocionalmente con el electorado y generar empatía genuina.

2. EL VALOR DE LA EMPATÍA

Las encuestas y estudios de opinión han demostrado que los ciudadanos sienten más empatía hacia otros ciudadanos que hacia los políticos. Esta tendencia se debe en parte a la percepción de que los políticos están desconectados de la realidad cotidiana y que solo buscan el poder y la reelección.

Es fundamental que las campañas de mercadotecnia política reconozcan este valor de la empatía y busquen humanizar al candidato. A través de historias personales, anécdotas y experiencias compartidas, los ciudadanos pueden identificarse con el candidato como uno de los suyos, alguien que comprende y representa sus preocupaciones.

3. AUTENTICIDAD Y COHERENCIA

En la era de la información, los ciudadanos son cada vez más críticos y exigentes. Buscan líderes auténticos y coherentes que respalden sus palabras con acciones concretas. La estrategia de comunicación política debe centrarse en mostrar la verdadera esencia del candidato, sin caer en promesas vacías o eslóganes grandilocuentes.

La autenticidad implica aceptar tanto los logros como las fallas del candidato, presentándolo como un ser humano real y no como un ente idealizado. La coherencia, por su parte, implica que las acciones y propuestas del candidato estén alineadas con sus valores y trayectoria, generando confianza en el electorado.

4. EL PODER DEL ENFOQUE PUBLICITARIO E INNOVADOR

En un entorno político saturado de información, las campañas de mercadotecnia política deben destacar mediante enfoques publicitarios e innovadores. Los ciudadanos ya no buscan discursos tediosos y carentes de creatividad;

en cambio, se sienten atraídos por campañas que utilicen elementos visuales, narrativos y emocionales.

La innovación en la estrategia de comunicación política puede significar el uso de medios digitales, redes sociales y plataformas interactivas que permitan una mayor participación del electorado. Las campañas deben adaptarse a las nuevas tendencias y a las preferencias de consumo de información de los ciudadanos.

5. LA IMPORTANCIA DE LAS REDES SOCIALES E INTELIGENCIA ARTIFICIAL

En la era digital, el uso estratégico de las redes sociales es fundamental para alcanzar al electorado y generar un impacto duradero. Las redes sociales permiten una comunicación directa y personalizada con los ciudadanos, creando una relación más cercana entre el candidato y su audiencia.

Además, la inteligencia artificial ofrece la posibilidad de analizar grandes cantidades de datos para entender mejor las preferencias y necesidades del electorado. Esto permite personalizar los mensajes y las propuestas, generando una mayor resonancia con la audiencia.

6. ROMPER ESQUEMAS Y SER PROPOSITIVOS

Para destacar en un ambiente político saturado, es esencial que las campañas de mercadotecnia sean propositivas y rompan esquemas. Los ciudadanos responden positivamente a candidatos y campañas que presenten ideas frescas y novedosas para abordar los desafíos actuales.

El enfoque propositivo debe ir más allá de la retórica vacía y centrarse en soluciones concretas y factibles. Al mostrar la capacidad del candidato para pensar de manera innovadora y presentar propuestas coherentes con el momento que se vive, se genera una mayor confianza y apoyo por parte del electorado.

En conclusión, la estrategia de mercadotecnia política debe alejarse de la promoción egocéntrica del político y enfocarse en vender al ciudadano auténtico y comprometido. La empatía, la autenticidad y la coherencia son factores clave para conectar con el electorado y generar una relación cercana y significativa. El uso de tendencias en redes sociales e inteligencia artificial permite una comunicación directa y personalizada, mientras que la innovación y la creatividad aseguran que la campaña destaque en un entorno político saturado. Al ser propositivos y romper esquemas, los candidatos pueden presentar soluciones frescas y novedosas que resuenen con la audiencia y generen un mayor apoyo en las urnas. En última instancia, al vender ciudadanos en lugar de políticos, se crea una campaña política auténtica, coherente y efectiva que se adapta al contexto y atrae al electorado en la búsqueda de un cambio positivo.

VIEJOS LOS CERROS

Y Monterrey se ve chingón.

CAPÍTULO 6:
VIEJOS LOS CERROS...

Este es uno de los capítulos de ley, no habrá espacio para debate, es mi más profunda experiencia la que te escribe: la actualización constante es una condición indispensable para alcanzar el éxito. A lo largo de mi experiencia en diversas campañas políticas, he detectado un error común entre algunos asesores de comunicación política: estancarse en un área en la que son hábiles y no buscar conocimientos actualizados en otras áreas relevantes. En este capítulo, exploraremos por qué la innovación y el conocimiento de las nuevas tendencias son esenciales para el marketing político, y cómo mantenerse actualizado abre las puertas a más campañas exitosas que dejarán una huella duradera.

1. EL RIESGO DEL ESTANCAMIENTO

El estancamiento es un riesgo real para cualquier profesional, incluidos los asesores de comunicación política.

Es fácil caer en la complacencia cuando se es hábil en una determinada área, y algunos pueden pensar que no es necesario aprender más o explorar otros campos.

Sin embargo, en el marketing político, donde las tendencias y las tecnologías están en constante evolución, el estancamiento puede ser un obstáculo para el éxito. Ignorar las nuevas oportunidades y herramientas puede llevar a una campaña a quedarse atrás frente a la competencia que abraza la innovación.

2. LA IMPORTANCIA DE LA INNOVACIÓN

La innovación es una clave para mantenerse relevante y competitivo en el marketing político. Esto implica estar al tanto de las nuevas tendencias en el marketing digital, las redes sociales y las herramientas de análisis de datos, entre otros. La capacidad de adaptarse rápidamente a los cambios y de ofrecer soluciones creativas e innovadoras es lo que diferenciará una campaña exitosa de una mediocre.

Los asesores de comunicación política deben estar dispuestos a explorar nuevas estrategias y tácticas, incluso aquellas que puedan parecer arriesgadas en un primer momento. El mundo político es dinámico y las audiencias evolucionan constantemente, por lo que la innovación es esencial para seguir conectando con los votantes.

3. CONSUMIR CONOCIMIENTO CONSTANTEMENTE

El conocimiento es una herramienta poderosa en el marketing político. Los asesores deben dedicar tiempo a consumir contenido relevante, ya sea leyendo libros, investigando sobre campañas exitosas, siguiendo a expertos en redes sociales o analizando casos de estudio.

El acto de aprender de forma continua no solo mantiene actualizados a los profesionales, sino que también les brinda una comprensión más profunda de las necesidades y deseos del electorado. Esta información actualizada les permitirá desarrollar estrategias más efectivas y enfocadas en la audiencia.

4. LA IMPORTANCIA DE DOMINAR MÚLTIPLES ÁREAS:

Aunque es natural que los asesores de comunicación política se especialicen en un área particular, es fundamental que tengan un conocimiento sólido de otras áreas relevantes. Esto les permitirá tener una visión integral de la campaña y comprender cómo cada componente se relaciona con el objetivo general.

Incluso si contratan a otros profesionales para cubrir ciertas áreas, los asesores deben ser capaces de supervisar y guiar adecuadamente su trabajo. La capacidad de liderar y comprender todas las facetas de la campaña garantiza una mayor coherencia y eficacia en la estrategia general.

5. EL APRENDIZAJE DE NUEVAS HERRAMIENTAS

En la era digital, las herramientas de marketing político están en constante evolución. Desde plataformas de redes sociales hasta herramientas de análisis de datos, los asesores deben estar dispuestos a aprender y dominar nuevas tecnologías para maximizar el impacto de la campaña.

Las redes sociales, en particular, desempeñan un papel crucial en el marketing político moderno. Dominar plataformas como Facebook, Twitter, Instagram, TikTok y otras, es esencial para alcanzar y conectar con diversas audiencias.

6. ADAPTACIÓN A UN PÚBLICO EN CONSTANTE CAMBIO

Las audiencias políticas también están en constante cambio, especialmente en una era donde la información se mueve a una velocidad vertiginosa. Los asesores deben ser ágiles y capaces de adaptar la estrategia de comunicación para abordar las necesidades y preocupaciones cambiantes del electorado.

La investigación de mercado y el análisis de datos son herramientas valiosas para comprender cómo el público percibe al candidato y cuáles son los temas que más le preocupan. Esta información permite una comunicación más efectiva y relevante.

En conclusión, actualizarse es la clave del éxito en el marketing político. Los asesores de comunicación política deben alejarse del estancamiento y abrazar la innovación y el conocimiento de las nuevas tendencias en el campo. La capacidad de adaptarse a un público en constante cambio y de dominar múltiples áreas garantizará una campaña política más efectiva y exitosa. La búsqueda constante de conocimiento y la apertura a nuevas ideas y herramientas permitirá que los asesores destaquen en el panorama político y sigan abriendo las puertas a más proyectos exitosos que dejarán una huella duradera en el mundo político.

¿POR QUIÉN VOTARÁN?

Pues por el o la más empática.

CAPÍTULO 7:
LA GENTE VOTA POR...

Si estás aquí, es porque estás dispuesto a romper los esquemas y darle una sacudida al mundo del marketing político. Y créeme, eso es precisamente te lo que necesitamos en estos tiempos en los que la confianza en los políticos se encuentra más baja que el agua de una alberca en pleno invierno. ¡Ajúa!

De acuerdo con esas encuestas que circulan por todas partes de México, el 98% de las personas no confían en el discurso político. Y no nos sorprende, porque la gente tiende a culpar a las figuras políticas de todos los problemas, ¡hasta de los baches! ¿Pero a quién no le ha pasado? Si hay tráfico, seguro alguien dirá: "Es culpa del alcalde". Y si falta luz en una colonia, todos apuntarán a "ese diputado".

Pero ¿qué tiene que ver esto con el consumismo espejo? Tranquilo, te lo explico. La gente ya no quiere políticos disfrazados de ejecutivos de corporaciones, ¡eso ya no funciona! En esta era de redes sociales y tendencias virales, los electores son más propensos a seguir el ejemplo de sus influencers favoritos que a prestar atención a esos políticos que solo hablan en monólogos aburridos.

Ah, la clave está en dejar de vender políticos y empezar a vender ciudadanos. ¡Exacto! Porque si queremos conquistar el corazón y el voto del electorado, debemos conectar con ellos a nivel personal. No se trata de vestir a los políticos con corbatas o trajes de etiqueta, eso ya pasó de moda. ¡Es hora de romper los esquemas!

Imagina a un presidente en camisa, playera o incluso en tenis, ¡sí, como tú y como yo! Eso es lo que la gente quiere ver, a alguien con quien se pueda identificar. ¿Recuerdas cuando te dije que necesitábamos generar conexiones de confianza? Pues ahí está la clave. La autenticidad y la cercanía son las monedas más valiosas en el mundo de la política.

Como consultores de imagen en campañas electorales, es nuestra misión transmitir ese mensaje. ¡Sí, tú también eres parte de esto! Nuestra tarea es ayudar a los políticos a mostrarse tal y como son, a quitarse esas máscaras y disfraces políticos que solo alejan a la gente.

Vamos a contar una historia, una historia auténtica, una en la que los políticos sean personas reales que enfrentan los mismos problemas que todos. ¿Sabes qué es lo que más conecta? Compartir esas historias cotidianas, esas anécdotas de la vida diaria que nos hacen humanos.

¡Ah! Y no olvidemos las redes sociales. Esas plataformas mágicas que nos permiten llegar a millones de personas con un solo clic. Aquí es donde entra en juego el poder de los influencers. Pero no me malinterpretes, no se trata de comprar seguidores o likes, ¡eso no es auténtico!

La magia está en trabajar con figuras públicas que realmente crean en el mensaje del político, que lo apoyen de corazón. Así lograremos que su mensaje llegue de manera genuina a la audiencia. Y créeme: eso no tiene precio.

Al final del día, el marketing político no se trata de manipular o engañar a la gente. ¡Qué va! Se trata de ser honestos, de ser transparentes, de construir relaciones sólidas y duraderas con el electorado. ¿No te parece genial?

Así que, amiga y amigo mío, si quieres marcar la diferencia en el mundo del marketing político, recuerda: deja de vender políticos y comienza a conectar con ciudadanos. Atrévete a ser diferente, a ser auténtico, y verás cómo la gente comenzará a creer en esa política que tanto anhelamos, una política para el pueblo, por el pueblo y con el pueblo.

¡Arriba ese ánimo! Juntos podemos cambiar el juego y hacer que la confianza en la política renazca como un ave fénix. Así que, ponte tus tenis más cómodos, agarra tu camisa favorita y prepárate para conquistar corazones y mentes.

Y recuerda: ¡siempre habrá esperanza mientras haya personas dispuestas a cambiar el rumbo!

LOS LIKES, COMO CHOCOLATES,

Nunca son suficientes

Atte: Willy Wonka.

CAPÍTULO 8:
EL PODER DEL LIKE...

Aquí estamos una vez más para hablar de uno de los temas más apasionantes en el mundo del marketing político: ¡las redes sociales! Así es, esa herramienta mágica que ha revolucionado la forma en que nos comunicamos, nos conectamos y, por supuesto, en cómo hacemos política. ¿Te acuerdas de aquel político poderoso que menospreció el poder de las redes sociales? Pues agárrate, porque hoy las redes sociales han demostrado que sí importan, ¡y mucho!

Yo aún recuerdo aquel día, sentado frente a aquel candidato a alcalde con su séquito de poderosos a su alrededor. Secretarios, guardias de seguridad, y un montón de gente de la campaña que quería hablar con "el señor". Y ahí estaba yo, un joven lleno de ideas y entusiasmo, presentándole una estrategia para sus redes sociales. ¿Y qué pasó? El político, con toda su seguridad, me soltó un "las redes sociales no importan, mi Jerry"… tres doritos después: ¡cómo ha cambiado el panorama!

Hoy, el 95% de las personas en nuestro país tienen acceso a internet, y más del 70% de ellos lo utiliza a través de su celular. ¡Wow, eso es un montón de gente conectada! Y ¿dónde crees que están esas personas? Claro, ¡en sus redes sociales! Así que si quieres que la marca de tu político o de tu campaña llegue a ellos, tienes que estar dentro de ese dispositivo móvil, en medio de sus *feeds* y *timelines*.

El mundo ha evolucionado, y los electores están inmersos en una época de consumo cotidiano de información.

Si queremos conquistar sus corazones y mentes, tenemos que ser creativos, originales y estar siempre en tendencia. ¿Recuerdas esa vez que viste un video súper chistoso en TikTok y no pudiste evitar darle like y compartirlo? Eso es lo que necesitamos lograr con nuestra estrategia en redes sociales.

Hoy, la mente maestra detrás de una campaña electoral exitosa debe estar enfocada en el tema de las redes sociales. Ya no es suficiente con carteles y spots de televisión, ¡eso quedó atrás! La verdadera batalla se libra en las plataformas digitales, donde las interacciones ocurren a una velocidad vertiginosa.

Y no solo se trata de estar presente en las redes sociales, ¡eso sería muy básico! Necesitamos conectarnos con la gente de manera auténtica y significativa. ¿Cómo lo logramos? Pues ahí está la clave. El electorado de hoy busca empatía, cercanía y autenticidad. Quieren ver a los políticos como personas reales, con sus virtudes y sus defectos, ¡como seres humanos, al fin y al cabo!

Las redes sociales nos ofrecen un escenario ideal para contar historias, para mostrar el lado humano de los políticos y para generar esa conexión emocional que nos permita ganarnos su confianza. No se trata solo de hablar y hablar en monólogos aburridos, sino de escuchar, interactuar y generar conversaciones significativas.

¿Y sabes qué más? Las redes sociales también nos brindan la oportunidad de segmentar y dirigir nuestro mensaje a audiencias específicas. Así podemos llegar de manera más efectiva a diferentes grupos de votantes, adaptando nuestro discurso según sus intereses y preocupaciones.

¡Pero cuidado! Las redes sociales también tienen su lado oscuro. La desinformación y las *fake news* son una amenaza real, y es nuestra responsabilidad combatirlas con información verificada y datos certeros. Recuerda siempre verificar las fuentes antes de compartir información.

En resumen, las redes sociales son una herramienta poderosa que no podemos ignorar en el marketing político. El mundo ha cambiado, y nosotros debemos adaptarnos a los nuevos tiempos. Así que, saca tu lado más creativo, sé auténtico y conecta con el corazón de la gente a través de las redes sociales. ¡Conquistemos juntos el poder del clic y el like! ¡Hasta el próximo capítulo!

RECETA PA' PONERTE "MEMEY"

Tres memes al día.

CAPÍTULO 9:
EL MEME, LA RISA QUE VOTA

Aquí estamos, listos para hablar de una herramienta poderosa y divertida que ha revolucionado el marketing político: ¡los memes! ¡A reírse se ha dicho! Pero antes de seguir adelante, déjame contarte una anécdota muy chida. Resulta que, en una de mis aventuras como estratega político, tuve la oportunidad de participar en una campaña a la gubernatura. Fue una experiencia increíble, llena de aprendizajes y risas, ¡sí, risas!

Los memes se han convertido en un arma de doble filo en el mundo de la política. ¡Ajá! Es una herramienta que no puedes subestimar. Recuerdo que cuando empezamos la campaña, no le dimos mucha importancia a los memes. Pero, ¡oh, sorpresa!, nos dimos cuenta de que se habían apoderado de las redes sociales, ¡estaban por todos lados! ¿Y sabes qué aprendí? Que el estratega político también debe tener el control de los memes que se hacen en torno a tu campaña o a la figura política que estás asesorando.

Los memes ya son parte esencial de la estrategia de cualquier consultor político que quiera mantenerse en la onda y conquistar los corazones de la audiencia. ¡Son como una especie de codazo amistoso que dice "¡Ey, aquí estamos, somos divertidos y cercanos!" Así que, si no quieres quedarte atrás, ¡prepárate para ser el rey o la reina del meme *game*!

¿Y sabes qué es lo más importante? Tener el tacto necesario para saber qué tipo de memes son adecuados y cuáles no lo son. La política es un terreno delicado y, aunque los memes nos hagan reír, no podemos olvidar que nuestro objetivo es conectar con la gente y ganarnos su confianza. Así que siempre es mejor evitar aquellos memes que puedan ser ofensivos o irrespetuosos.

Por supuesto, no puedes hacerlo solo. ¡Nadie es un súper héroe del meme por sí mismo! Es necesario contar con un equipo creativo e ingenioso que se encargue de diseñar y producir los memes en tiempo y forma. La puntualidad y la vigencia de los mismos son cruciales, porque un meme que no sale a tiempo no tendrá éxito.

Recuerda: los memes son como esos chistes que solo tienen gracia en el momento preciso. Así que, si quieres aprovechar al máximo su potencial, tienes que estar atento a las tendencias y acontecimientos en tiempo real. ¡Prepárate para convertirte en un cazador de memes!

¿Y sabes cuál es la magia de los memes? Que pueden decir mucho con muy pocas palabras. Son como esas bromas internas que solo entienden quienes están "en la jugada". Y eso crea una conexión especial con la audiencia, porque se sienten parte de algo exclusivo, algo que solo ellos comprenden.

Por supuesto, no podemos olvidar que los memes también pueden tener efectos no deseados. A veces, un meme malinterpretado o fuera de contexto puede generar una crisis de imagen. Así que, siempre debemos ser cuidadosos y tener un plan de acción para enfrentar cualquier situación inesperada.

En resumen, los memes son una herramienta poderosa que ha llegado para quedarse en el mundo del marketing político. Son risas que conquistan corazones y nos permiten conectar de manera auténtica y cercana con la audiencia. Así que, si quieres triunfar en esta nueva era digital, ¡prepárate para ser un maestro de los memes!

LA CREATIVIDAD ES COMO UN GATO...

Aparece cuando menos lo esperas.

CAPÍTULO 10:
CREATIVIDAD AL MÁXIMO

Déjenme contarles una historia increíble, una de esas que solo se viven una vez en la vida. Resulta que, en una de mis andanzas como consultor político, tuve la oportunidad de conocer a alguien realmente asombroso: ¡Sergio Meade! ¿Te suena el nombre? Bueno, si no, prepárate para conocer a una verdadera mente maestra del marketing político.

Todo empezó cuando me encontraba trabajando en una campaña a la gubernatura. Estaba lleno de ideas y entusiasmo, pero sentía que necesitábamos un toque especial para darle ese impulso creativo que marcaría la diferencia. Y así fue como llegó Sergio Meade a mi vida.

Desde el primer momento que lo conocí, supe que estaba frente a alguien fuera de lo común. ¡No exagero! He conocido a muchas personas creativas en mi vida, pero Sergio es una excepción incluso dentro de ese grupo selecto. Es una auténtica máquina de ideas, un torrente inagotable de creatividad y estrategias innovadoras.

Lo más sorprendente de Sergio es su capacidad de liderazgo. Cuando trabajamos juntos en la campaña, logró contagiar a todo su equipo con su visión de tiempos y de ideas. Era como si todos estuviéramos en la misma sintonía, remando juntos hacia el mismo destino. ¡Y vaya que eso marca la diferencia en una campaña política!

Juntos exploramos nuevas formas de comunicar, de conectar con la gente y de llegar a los corazones de los votantes. Sergio siempre insistía en que debíamos pensar fuera de la caja, romper esquemas y arriesgarnos a innovar. Y créanme: lo hicimos.

El resultado fue una fórmula creativa y audaz que marcó un precedente en las campañas a las gubernaturas de México. Fue como un cohete que despegó y se elevó hacia el cielo de las preferencias electorales. ¡Fue simplemente alucinante!

Pero lo más increíble de todo es que Sergio no solo es un líder talentoso, sino también una persona generosa y humilde. A pesar de su gran experiencia y trayectoria en el mundo del marketing político, siempre estuvo dispuesto a escuchar nuestras ideas y a trabajar en equipo. ¡Un verdadero líder de corazón!

En la vida del consultor político, te encuentras con personas que te ponen el pie, que te cierran puertas y te ponen obstáculos en el camino. Pero también te encuentras con personas que abren puertas, que te inspiran y te ayudan a crecer. Sergio Meade definitivamente es una de esas personas que marcan la diferencia en tu vida profesional y personal.

Trabajar con él fue una experiencia enriquecedora y divertida. Cada reunión era como un festín de ideas, una tormenta de creatividad en la que todos aportábamos y construíamos juntos. Y eso, mi querido lector, es lo que hace grande a un equipo y a una campaña política.

Recuerdo que una vez, cuando estábamos en plena etapa de planeación, Sergio nos dijo: "No tengamos miedo de soñar en grande y de hacer cosas sorprendentes. En la política, como en la vida, no hay límites para la creatividad". ¡Qué gran verdad!

Así que, si alguna vez tienes la oportunidad de trabajar con alguien como Sergio Meade, ¡no dudes ni un segundo en aprovecharla! Estoy seguro de que aprenderás mucho y vivirás una experiencia que recordarás por siempre.

En resumen, conocer a Sergio Meade fue una de esas bendiciones que te regala la vida en el camino del marketing político. Su mente brillante y su liderazgo inspirador marcaron una diferencia en la campaña y, sobre todo, en mí.

TIKTOK: DE CERO A VIRAL

Sin TikTok no hay paraíso.

CAPÍTULO 11:
TIKTOK

Prepárense porque aquí vamos a hablar del rey de las redes sociales, ¡TikTok! Si aún no has caído rendido ante su encanto, prepárate para conocer el mundo mágico de los videos cortos y divertidos que conquistan millones de corazones a diario.

La historia de TikTok es simplemente asombrosa. Fundada en el lejano 2012, esta red social ha logrado convertirse en la número uno en el año 2024. ¡Casi nada! ¿Y sabes por qué? Porque ha sabido capturar la atención de millones de personas en todo el mundo con su formato único y adictivo.

Recuerdo que hace algunas campañas electorales, hacer TikToks políticos era considerado ridículo u ofensivo. Pero ¡oh, cómo han cambiado las cosas! Hoy en día, lo ofensivo es que un político no esté en TikTok. ¡Es la realidad de la nueva era digital!

Actualmente, hay muchas cuentas de políticos que son un ejemplo de cómo se debe manejar una cuenta política en TikTok. Y créeme, no se trata de improvisar. ¡Para nada! Aquí es donde entra la importancia de tener una estrategia bien definida para aprovechar todo el potencial de la plataforma.

TikTok es diferente a las demás redes sociales, ¡y vaya que lo es! Su algoritmo es tan poderoso que te genera videos similares a los que visualizas, lo que te mantiene atrapado en un bucle infinito de videos adictivos. Es como si TikTok leyera tus gustos y te sirviera exactamente lo que quieres ver. ¡Pura magia!

Es por eso que cuanto más tiempo pases en la red social, más oportunidad tiene el algoritmo de TikTok para leerte la mente y ofrecerte contenido que te enganche. Así que, si quieres conquistar a la audiencia de TikTok, ¡prepárate para crear videos interesantes y entretenidos que mantengan a la gente pegada a la pantalla!

Pero ojo: no te confíes. El algoritmo de TikTok es exigente, y solo premia a los creadores de contenido que son auténticos y originales. Así que, en lugar de copiar lo que otros hacen, ¡sé tú mismo! Muestra tu personalidad, tu sentido del humor y, por supuesto, tus ideas políticas.

El secreto para tener éxito en TikTok es ser creativo y adaptarse a las tendencias del momento. ¡Sí, así como lo oyes! Las tendencias en TikTok cambian más rápido que el cambio de luces en un semáforo. Así que mantente alerta y aprovecha cada oportunidad para subirte al tren de la viralidad.

Si quieres ser parte de la realeza de TikTok, no te puedes quedar atrás. Es hora de actualizarse en las nuevas redes sociales y aprovecharlas para enriquecer tu contenido en tendencia. Ya no basta con estar en Facebook o Twitter, hay todo un mundo de posibilidades esperándote en TikTok.

Así que, queridos lectores, ¡a por ello! Conquistemos juntos el trono de las redes sociales y hagamos que nuestras ideas políticas lleguen a todos los rincones del mundo. ¡Hasta el próximo capítulo, tiktokers políticos! ¡Dale like, comparte y sigue creando contenido épico!

¡HOLA!

SOY CHAT GPT

Y escribí este capítulo sobre mí.

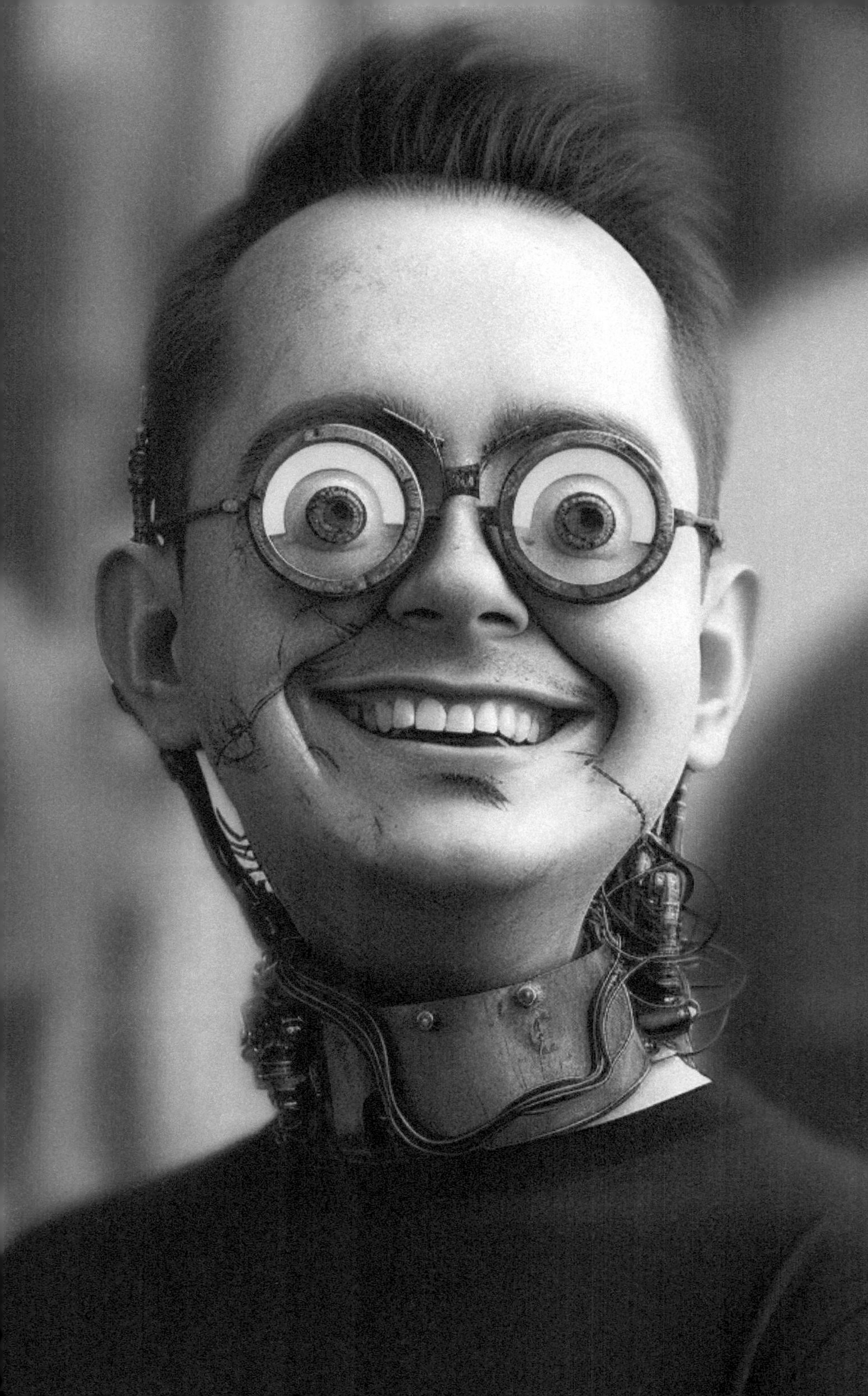

CAPÍTULO 12:
BENDITO CHAT GPT

En este capítulo vamos a sumergirnos en un mundo donde la tecnología y la política se dan la mano de una manera que nunca habríamos imaginado. Es hora de hablar sobre el Chat GPT y cómo esta herramienta se ha convertido en un aliado imprescindible para los nuevos consultores políticos. Si eres de esos que no puede vivir sin su smartphone y ama los avances tecnológicos, ¡este capítulo es para ti!

¿Qué es el Chat GPT, te preguntas? Bueno, es como tener a tu asistente personal en el bolsillo, pero sin tener que darle café. ¡Es un sistema de inteligencia artificial que puede generar texto de manera sorprendente! ¿Te imaginas lo útil que puede ser en el mundo del marketing político? Para los grandes cargos como Community Managers, creadores de contenido y buscadores de tendencia, el uso de esta tecnología es como tener un súper poder.

Vamos, permíteme pintarte un escenario: estás sentado en tu oficina, rodeado de papeles y gráficos que parecen un laberinto. La campaña electoral está a la vuelta de la esquina y necesitas contenido fresco, original y que conecte con la gente. ¡Ahí entra en juego el Chat GPT! Con solo una pizca de dirección, este amigable programa puede generar discursos, posts en redes sociales y hasta eslóganes impactantes.

Pero, espera un momento, no creas que estamos entregando el timón de la campaña a una máquina. No, no, no. Como consultores políticos o estrategas, nuestra misión es ser los guías, los maestros de ceremonias que supervisan cada movimiento. Eso incluye revisar y ajustar lo que el Chat GPT crea. La intervención humana es esencial, porque al final, ¡somos nosotros quienes conocemos los matices y la chispa que hacen que un mensaje sea auténtico y emocionante!

Ahora, ¿por qué es tan importante estar a la vanguardia de la tecnología? Imagina esto: mientras tus competidores siguen usando las mismas técnicas de siempre, tú estás un paso adelante, aprovechando las ventajas de la inteligencia artificial para entender el comportamiento de la tecnología y la sociedad. Esto no solo te da una ventaja, sino que también demuestra que estás dispuesto a innovar y adaptarte a los tiempos modernos. Y créeme, eso no pasa desapercibido.

Pero no solo se trata del Chat GPT, ¡hay todo un mundo de inteligencia artificial esperando ser explorado! Analizar datos, predecir tendencias, segmentar audiencias, ¡la IA puede hacerlo todo! Y lo mejor de todo es que, al ser precisos y eficientes, nos ahorra un valioso recurso: el tiempo. En una campaña electoral, cada segundo cuenta, y tener sistemas que puedan generar información valiosa en cuestión de segundos puede marcar la diferencia entre el éxito y el fracaso.

Claro, siempre habrá quienes duden de la utilidad de la inteligencia artificial en la política, argumentando que nada puede reemplazar el toque humano. Y tienen razón, ¡la creatividad, la empatía y la intuición son habilidades únicas de nuestra especie! Pero aquí está el secreto: la verdadera magia ocurre cuando combinamos lo mejor de ambos mundos. Cuando dejamos que la inteligencia artificial haga el trabajo pesado, y nosotros, los estrategas, añadimos el toque final de autenticidad y originalidad.

En resumen, amigo mío, el Chat GPT y otros sistemas de inteligencia artificial son herramientas que pueden impulsar tus campañas políticas a niveles insospechados. Pero recuerda: siempre mantén tu ojo humano vigilante. Sé el director detrás del escenario, asegurándote de que cada mensaje, cada publicación y cada idea sea verdaderamente tuya. Con inteligencia artificial y estrategia humana, ¡estás listo para conquistar el mundo político como nunca antes!

STAR WARS DEL MKT POLÍTICO

Conviértete en un Jedi de la IA.

CAPÍTULO 12:
LAS CAMPAÑAS DEL FUTURO

¿Estás listo para sumergirte en un mundo donde la tecnología y la política bailan un tango futurista? ¡Bienvenido a la era de la Inteligencia Artificial, donde las máquinas están escribiendo el futuro de las campañas políticas a una velocidad que haría que mi libro llegara a tus manos antes de que pestañees dos veces! Así es, queridos lectores, la IA está avanzando a la velocidad de la luz y está aquí para quedarse en el emocionante mundo del marketing político.

Imagina esto: te encuentras en la sede de una campaña electoral, rodeado de estrategas y asesores que parecen sacados de una película de ciencia ficción. Las pantallas parpadean, los algoritmos zumban y la IA se convierte en tu aliado más valioso. En un mercado político cada vez más consumista, donde los electores anhelan contenido fresco y relevante a cada minuto, la inteligencia artificial se alza como la solución a la ecuación de la demanda desbordante y el tiempo escaso.

Desde discursos hasta memes ingeniosos, la IA es la varita mágica que puede generar contenido en un abrir y cerrar de ojos. Ya no tendrás que pasar noches en vela tratando de encontrar la frase perfecta, porque el Chat GPT será tu compañero insomne. Sin embargo, no se trata de reemplazar al estratega humano, ¡oh, no! Es más bien como sumar a tu equipo un genio tecnológico que trabaja bajo tu dirección.

Hace poco, en una conversación con un vocero nacional de una candidata a la presidencia de México, surgió una idea que podría transformar la forma en que los políticos se comunican con sus electores. Imagina que cada votante recibiera un par de lentes de realidad virtual, a través de los cuales podrían sumergirse en los planes y proyectos de la figura política. ¿Suena a ciencia ficción? Quizás, pero no estamos tan lejos de hacerlo realidad.

La humildad, queridos lectores, es la clave. A medida que avanzamos hacia un futuro tecnológico más brillante, debemos aceptar que no podemos hacerlo todo solos. La inteligencia artificial se convierte en la medicina del consultor político, un cómplice que nos ayuda a enfrentar los desafíos del siglo XXI. ¿Qué es lo que realmente hace que un consultor político brille? No es solo el conocimiento humano, sino la habilidad de fusionarlo con la tecnología para crear algo asombroso.

Ah, y déjame contarte un pequeño secreto: me encanta pasar horas innovando en plataformas como Midjourney. Diseñar imágenes que brotan de mi imaginación y que en un abrir y cerrar de ojos podrían convertirse en el emblema de una campaña política. ¡Es como darle vida a la visión de un líder a través de la magia de la tecnología!

Recuerda: el talento humano es inigualable. Somos los maestros del arte, la intuición y la empatía. Pero también somos capaces de crear herramientas poderosas, como la inteligencia artificial, que nos ayudan a forjar campañas políticas más orgánicas, inteligentes y visionarias. Juntos, humanos y máquinas, estamos creando un mundo político donde el amor, la paz y la innovación se entrelazan en un abrazo inquebrantable. Así que adelante, déjate guiar por la IA y forjemos un mañana político lleno de posibilidades. ¡El futuro nos espera, queridos visionarios políticos!

YA DEJA EL CELULAR...

Mejor sigue leyendo este libro.

CAPÍTULO 13:
¡TODO EN VERTICAL! PARA LAS REDES SOCIALES

Amantes de las redes sociales, es hora de adentrarnos en un mundo donde las imágenes y los mensajes brillan con luz propia! En este capítulo, vamos a desenredar el enigma de los formatos para redes sociales, porque si quieres que tu mensaje político resuene, ¡debes hablar el idioma visual de la era digital!

Primero, y ante todo, demos un aplauso al formato vertical, el héroe indiscutible de las redes sociales. ¿Por qué? Porque ocupa el trono del espacio visual en nuestros teléfonos móviles, esos inseparables compañeros de vida. Si quieres que tus publicaciones destaquen, ¡dale al formato vertical como nunca!

Hablemos de redimensionar. Si eres un fanático de las redes, sabes que cada plataforma tiene sus propias reglas. No seas el consultor pasado de moda que publica contenido en formato horizontal y espera resultados milagrosos. No, querido lector, es hora de abrazar la magia de la adaptación. Redimensiona tus productos de contenido para cada plataforma, desde el elegante Instagram hasta el valiente Twitter, pasando por el siempre cambiante Facebook. Cada uno merece su momento de gloria.

¿Qué me dices de las redes sociales? ¡Son como una gran fiesta con distintos invitados! Cada red tiene su público, su estilo y su jerga. Piénsalo así: ¿le hablarías a tu abuela de la misma manera que a tu mejor amigo? Exactamente. Entonces, aplica esa lógica a tus redes sociales. Haz que cada publicación sea como una conversación auténtica con tu público, ¡sin parecer un robot programado!

Así que aquí van unos consejos que te harán un maestro en el arte de los formatos para redes sociales:

1. **Sé el maestro del resumen visual:** No tienes todo el día para capturar la atención, así que usa el formato vertical para llenar la pantalla y crear un impacto instantáneo.

2. **Redimensiona como un ninja:** Deja atrás los días de tamaños únicos. Ajusta tus contenidos a los tamaños ideales para cada plataforma, desde los encantadores cuadros de Instagram hasta los espaciosos tweets de Twitter.

3. **Crea copys que impacten:** No te olvides de la magia de las palabras. Adapta tus copys a cada red social, desde el tono profesional de LinkedIn hasta la vibra relajada de TikTok.

4. **Hashtags que deslumbren:** Investiga cuáles son los hashtags populares en cada plataforma y úsalos estratégicamente para que tu contenido sea descubierto por el mundo.

5. **Lleva tu tiempo:** Planifica con antelación. No querrás estar corriendo en el último minuto para crear contenido que se ajuste a todas las redes.

6. **Diseña para impactar:** Aprovecha herramientas como Canva para crear imágenes y gráficos llamativos que atraigan a la vista.

7. **Juega con la variedad:** Alterna entre fotos, videos, gráficos e historias para mantener a tu audiencia comprometida y emocionada.

8. **La mágica línea de tiempo:** Publica en los momentos adecuados para llegar a tu audiencia en su tiempo libre.

9. **Oídos abiertos:** Presta atención a los comentarios y a las métricas. Aprende lo que funciona y lo que no para mejorar continuamente.

10. **Prueba, prueba, prueba:** Experimenta con diferentes formatos y contenidos. La belleza del mundo digital es que puedes probar y ajustar sobre la marcha.

Así que, querido lector, la próxima vez que te sumerjas en el mundo de las redes sociales, recuerda este capítulo. Abraza el formato vertical, baila al ritmo de la adaptación y crea contenidos que hagan vibrar a tu audiencia en cada plataforma. Después de todo, ¡eres un maestro del marketing político en la era digital!

Políticos y campañas al estilo…

MICKEY MOUSE O PINOCCHIO

CAPÍTULO 14:
TU PROPIO DISNEY

Tenía poco tiempo de llegar a Monterrey, fungía como Coordinador de Comunicación del Instituto Estatal de la Juventud del Gobierno de Nuevo León, cuando en mi camino se cruzó con una puerta antigua que se abría misteriosamente ante mí. No era una puerta ordinaria, era la puerta de una oportunidad, y detrás de ella estaba mi viejo amigo y colega, David Dorantes. Habíamos compartido risas, retos y triunfos cuando él dirigía la comunicación social de un ayuntamiento. Ahora, mi mente se enredaba en especulaciones mientras el sol arrojaba su luz sobre nosotros.

"¡Hey, amigo! ¿Te gustaría hablar sobre comunicación política y marketing?", preguntó David con una sonrisa que irradiaba familiaridad.

No podía resistirme, ¡era un tema que me apasionaba! David y yo caminamos juntos hacia una conversación que prometía ser reveladora. Se sentía como si el destino nos estuviera guiando en un juego cósmico de preguntas y respuestas.

En medio de nuestra charla, rodeados de cámaras y micrófonos, David, convertido ya en un empresario y un experimentado creativo y consultor de comunicación política, de esos que merecen tener varios libros escritos, me miró con curiosidad y preguntó: "¿Y qué hay de tu fascinación por Disney? ¿Cómo encaja eso en el mundo del marketing político?"

¡Wow! Había hecho a mi cerebro reflexionar sobre un rincón poco explorado de mi ser. Con una sonrisa, le confesé que mi lealtad por Disney era una pieza vital de mi creatividad.

Desde las maravillosas caricaturas hasta las emocionantes películas, adoraba cómo Disney podía tocar nuestras almas y conectarnos a través de historias atemporales.

Además, —le dije con entusiasmo—, admiro enormemente a Robert Iger, el visionario detrás de la expansión de Disney. Su audacia para unir fuerzas con compañías como PIXAR, FOX, STAR WARS y MARVEL es inspiradora.

David asintió, y en ese momento hizo la pregunta que desencadenaría la explosión creativa en mi mente. "¿Crees que los políticos son más parecidos a Mickey Mouse, con su encanto y magia, o se asemejan más a Pinocchio, cayendo en la tentación de la mentira?"

Esa cuestión resonó en mí como un eco en una cámara vacía. ¿Mickey Mouse o Pinocchio? La elección no era solo sobre personajes ficticios; era un reflejo de la dualidad en la política moderna. Las decisiones que toman los políticos pueden llevarlos a la grandeza o a la caída.

Reflexioné durante días, cavilando sobre cómo un político podía compararse con Pinocchio. La tentación de alejarse de la verdad, de creer en sus propias invenciones, era una senda peligrosa. Si un político no se rodeaba de expertos en comunicación, podía perderse en su propia narrativa ficticia, perdiendo la confianza del pueblo.

La figura de Pinocchio me recordó lo crucial que es para un político mantenerse anclado en la verdad y en la orientación de expertos en comunicación. Una elección impulsiva, una declaración apresurada, podría convertirlos en marionetas de sus propias mentiras.

Para los lectores que se adentrarán en estas páginas, les pregunto: ¿Qué tipo de políticos quieren ser? ¿Quieren liderar al estilo de Mickey Mouse, con encanto genuino y autenticidad, o caerán en la trampa de Pinocchio, perdiéndose en un mundo de ilusiones? La elección es suya.

Antes de cerrar este capítulo, les insto a encontrar su propio espacio de relajación y creatividad, como mi amor por las películas de Disney.

La recreación no sólo alimenta el alma, sino que también da rienda suelta a la imaginación. Tal como Merlín guiaba a Arturo en *La espada en la piedra*, o como Robin Hood luchaba por la justicia, o como Aladdin volaba sobre las dunas en una alfombra mágica que recuerdo veía a través de un "View Master" color rojo (si naciste después del año 2000 seguramente no sabrás a lo que me refiero, así que puedes ir a Google y comprender de lo que mi corazón redacta), nosotros también debemos encontrar nuestro propio rincón mágico para oxigenar la creatividad.

¡Así que adelante, descubran su lado Mickey Mouse y dejen que la autenticidad y la magia guíen sus pasos en el intrincado mundo de la política!

LA CLAVE EN EL
MKT POLÍTICO

CAPÍTULO 15:
¿SE TE OCURRE?... HAZLO

Un día, en medio del torbellino digital que es mi vida, decidí probar algo que desafiaría las fronteras de la creatividad y la tecnología en el marketing político. Subí a mis redes sociales un video que hacía titilar las mentes de los espectadores: un clon digital de mí mismo, ¡con mi misma imagen y mi voz! Una locura, ¿verdad? Pues sí, y la locura se volvió tendencia en menos tiempo del que lleva hacer palomitas en el microondas.

De pronto, mi teléfono parecía tener una convulsión: vibraba, sonaba y parpadeaba en un frenesí de notificaciones. ¡Hasta consultores políticos de todo el espectro me llamaban! "¿Qué plataforma de IA usaste?", preguntaban con ansiedad. "¿Qué programa revolucionario es este?", se preguntaban con admiración. Pero la verdad, queridos lectores, es que el éxito de ese video no se debió a un único truco mágico.

Fue un cóctel creativo, una sinfonía de inteligencia artificial, plataformas vanguardistas y una pizca generosa de edición, todo mezclado en mi mente bullente de ideas. ¿El resultado? Un clon digital que dejó boquiabiertos a todos, demostrando que el arte del Marketing Político ha entrado en una nueva era, donde la tecnología es nuestra aliada más fiel.

Si, al momento de escribir estas líneas, la tendencia es tener clones digitales en redes sociales, ¿qué nos depara el futuro? Los estudios sugieren que, para después del año 2026, la mayor parte de los contenidos en las redes sociales serán generados por IA o computadoras. ¡Sí, lo leíste bien! Esto no es ciencia ficción, es el camino que estamos recorriendo. Así que, si tienes ideas, ¡nunca te quedes con ganas de hacerlas realidad! La tecnología está allí para ser abrazada y potenciar tus conceptos más creativos.

Hablando de creatividad, permíteme compartir contigo una anécdota que me marcó. En una charla con mi gran amigo y genio creativo, Sergio Meade, discutimos una idea que parecía demasiado descabellada para ser cierta. Surgió como un chiste entre risas: "¿Qué tal una botarga de un tigre persiguiendo dinosaurios?"

Parecía una ocurrencia sin sentido, pero Sergio, con su visión única, convirtió esa idea en una activación memorable de campaña política en México. La sorpresa y la risa que generó quedaron grabadas en la mente de quienes la presenciaron. La lección que aprendí en ese momento fue que las ideas más inusuales y aparentemente absurdas pueden transformarse en algo sorprendentemente efectivo si se abordan con creatividad y audacia.

Así que aquí tienes, querido lector, un consejo final: abraza la tecnología, abraza la creatividad y nunca subestimes el poder de una idea aparentemente descabellada. Porque en el emocionante mundo del marketing político, no hay límites para lo que puedes lograr. ¡Hasta la próxima campaña!

Y SE ACABÓ.
Por lo pronto...

Y VIVIERON FELICES PARA SIEMPRE

Y así llegamos al final de este emocionante viaje por el apasionante mundo del marketing político. ¿Puedes creerlo? No sé tú, pero aquí estoy, sorprendido como tú, de que este libro haya tomado forma en apenas un par de semanas. ¡La tecnología avanza más rápido que un meme viral!

Quizás pienses que escribir un libro de esta magnitud en tan poco tiempo sea una locura, ¡y tienes razón! Pero permíteme revelarte un secreto: la inteligencia artificial ha sido mi fiel compañera en esta travesía. Así es, me sumergí en el mar de datos y conocimientos, y con la ayuda de la IA, pude plasmar estas palabras en el papel con una velocidad que ni el viento podría igualar. ¿Qué podemos aprender de esto? Dos cosas: primero, la inteligencia artificial nos está superando con su velocidad y precisión; y segundo, si hoy pude compartir este compendio de sabiduría contigo en un abrir y cerrar de ojos, imagina lo que la tecnología nos tiene reservado en el futuro.

Dentro de algunos años, cuando tomes este libro con nostalgia y pienses: "¡Vaya, en esos tiempos el marketing político ya era interesante, pero ahora es completamente diferente!", estarás en lo correcto. La evolución del marketing político será aún más sorprendente, más revolucionaria y, seguramente, más humano que nunca.

Espero que este libro te haya brindado más que simples palabras en páginas. Espero que te haya proporcionado herramientas reales para convertirte en un experto en comunicación política, pero, más importante aún, en un mejor ser humano. Porque en este juego, no solo se trata de persuadir a las masas, sino de hacerlo con integridad y empatía.

Cada estrategia, cada táctica y cada consejo que has absorbido a lo largo de estas páginas no solo te ayudarán a alcanzar tus objetivos políticos, sino también a dejar una huella inolvidable en las vidas de las personas. Porque eso es lo que la comunicación política debe ser en última instancia: humana, positiva y memorable.

Así que, querido lector, ya sea que estés empezando en el mundo del marketing político o que ya seas un veterano de innumerables campañas, te animo a seguir explorando, a mantener la mente abierta y a abrazar los avances tecnológicos que están a la vuelta de la esquina. El futuro es tuyo para moldear y los medios para lograrlo están aquí, esperando a ser descubiertos.

Y con estas palabras, me despido de ti, pero no por mucho tiempo. Estoy seguro de que nos encontraremos nuevamente en el emocionante y cambiante mundo del marketing político. Hasta entonces, ¡que tus estrategias sean audaces, tus mensajes resuenen y tu impacto sea inolvidable!

Con todo mi cariño:
Jerry Jáuregui.

HASTA PRONTO.
En honor a Carlos Canturosas.

Esta obra está dedicada para Brenda, mi mejor amiga, mi leal confidente, mi eterna luz en el camino… sin ti nada de esto hubiera sido posible.

— Nada es eterno.

— Amen a sus mascotas.

— Pidan perdón y perdonen.

— Vayan a Disney.

— Encuentren su propia familia.

— Encuéntrense ustedes mismos.

— Aprendan de las personas que tienen alrededor.

— Todo es posible, solo importa el presente.

— Agradezcan lo que tienen.

— Tengan amigos. Yo lo aprendí muy tarde.

— Y regalen este libro a una persona que aprecien.

CREA MARKETING POLÍTICO
EL PRIMERO ESCRITO CON
INTELIGENCIA ARTIFICIAL
de *Jerry Jáuregui*

Se terminó de imprimir en septiembre de 2023 en México. Para su diseño se usaron fuentes de la familia Adobe Garamond Pro a 9-20 puntos. Cuidó de la edición el autor. El diseño editorial fue por cuenta de los servicios editoriales de Galaxia Literaria.

hola@galaxialiteraria.com
www.galaxialiteraria.com
informes@puntoycomaeditores.com
www.puntoycomaeditores.com

Tel. y WhatsApp: +52 33 14822765

DISPONIBLE EN RÚSTICA, E-BOOK
Y APPLE E-BOOK